AF596447

UN DERNIER MOT

SUR LE PRÉTENDU

POLYTHÉISME DES ÉGYPTIENS

Le Musée d'Antiquités de M. Perrot semble avoir été créé tout exprès pour les savants et les hommes d'élite.

Cette collection, fruit de trente années de recherches, se compose des objets d'art de près de quarante siècles, et remonte du moyen-âge (Benvenuto Celini, Paul de Verocchio) jusqu'aux peintures des Egyptiens.

Nous ne saurions trop recommander aux visiteurs instruits d'aller assister aux séances d'égyptologie de M. Perrot, tout en visitant sa riche collection.

TRAWERS-TWIS, GARDNER-WILKINSON, TH. DIMOC, W. WELLS, RÉV^d W. M. FENN, JOHN MURRAY, ETC.

Le Musée est situé place de la Maison-Carrée, 10.—MM. les Etrangers sont admis a le visiter tous les jours *gratuitement.*

UN DERNIER MOT

SUR LE PRETENDU

POLYTHÉISME DES ÉGYPTIENS

A MM. LES MEMBRES

De l'Académie Impériale des Inscriptions et Belles-Lettres de Toulouse

PAR

J.-F.-A. PERROT

ARCHÉOLOGUE, MEMBRE DE LA SOCIÉTÉ FRANÇAISE POUR LA CONSERVATION ET LA DESCRIPTION DES MONUMENTS HISTORIQUES, ET DE PLUSIEURS SOCIÉTÉS SAVANTES

Il faut bien peu de chose pour donner naissance à une erreur ; il en faut moins encore pour l'accréditer. PERROT.

NIMES

IMPRIMERIE BALDY ET ROGER, RUE STE-URSULE

VIS-A-VIS L'ENTRÉE DES ARÈNES

1857

A MES LECTEURS

Je déclare que je décline toutes discussions philosophiques : je respecte infiniment la philosophie et les philosophes; qu'il m'importe peu que Spinosa (1) et les gros bonnets de l'Allemagne opposent le panthéisme au christianisme; que Plutarque place sa divinité au-dessus des fèves de Pythagore et du cheval de Caracalla ; que Moïse ait été forcé de quitter l'Egypte peut-être bien pour avoir professé les mêmes idées sur la divinité, idées justifiées en quelque sorte par la fameuse inscription du temple trois fois antique de Saïs : « *Je suis tout ce qui est* », etc. ; qu'Homère, Socrate et tous les savants philosophes de la Grèce aient adoré dans Jupiter et les dieux de l'Olympe des émanations

(1) Spinosa reçut un coup de couteau en sortant du théâtre, à cause de ses opinions religieuses. (De tout temps, le fanatisme a joué du couteau.) — *Dictionn.* Morery.

divines du dieu Pan; qu'à une époque plus éloignée et bien avant l'ère de Menès, les demi-dieux de la science qui gravèrent le ciel sur le disque de Denderah aient invoqué dans leur for intérieur le dieu TOUT, ce dont ils se fussent bien gardés de parler au peuple, qui n'y eût rien compris; que quelques rêveurs aient pensé qu'une horrible araignée, un affreux scorpion, un crapaud et un serpent pouvaient avoir leur part de divinité; je laisse toute liberté à ces théories.

Ce qu'il m'importe de prouver, c'est que les Egyptiens ont été faussement accusés d'adorer des animaux et des légumes par les peuples d'un petit coin de notre globe, et l'erreur dans laquelle ont été entraînés les savants de l'Europe entière, en adoptant les yeux fermés ces fables absurdes.

Ce n'est pas une œuvre littéraire que nous offrons au public instruit auquel nous destinons nos recherches. Nous n'avons pas cette prétention. Mais nous espérons qu'il accueillera avec intérêt le nouveau point de vue sous lequel nous lui présentons la question du polythéisme dont on accuse les Egyptiens.

Ce Mémoire n'est que l'appendice de l'ouvrage que je destine à la publicité. Préface, corps d'ouvrage, notes, dessins, tout est prêt. Il ne me manque qu'un *patron*, *un puissant protecteur* (1), pour justifier les paroles du savant M. de Villemain : « M. Perrot va faire une révolution dans l'histoire. »

(1) Après une séance, un homme d'esprit s'écria : « Cela est si beau que l'auteur *mérite de mourir de faim.* » *(Journal de Montpellier*, 1846.)

UN DERNIER MOT

SUR LE PRÉTENDU

POLYTHÉISME DES ÉGYPTIENS

EXPLICATION DES PEINTURES

Depuis 1844, époque à laquelle je me suis livré à l'étude des monuments antiques de l'Egypte, j'ai publié deux éditions de mes recherches sur la véritable théogonie des Egyptiens, démontrée par l'interprétation des peintures qui décorent leurs monuments, sous le titre d'*Essai sur les Momies.*

Dans les journaux de Paris (*l'Europe artiste*), dans ceux de Nimes, de Montpellier et de Toulouse, j'ai publié plus de vingt articles sur les prétendus dieux égyptiens; j'ai passé en revue la grande triade d'Hérodote (Osiris, Isis et Ibis), le chien Anubis, le bœuf Apis, et en général tous les dieux que les auteurs grecs, les anciens et les modernes, ont prêtés au peuple qui habitait les rives du Nil.

Je crois avoir prouvé que c'est par erreur qu'on a accusé ce peuple de polythéisme. Mais comme il est dans les choses possibles que ceux auxquels s'adresse ce dernier travail aient perdu le souvenir de mes articles ou même ne les aient pas lus, je crois utile de donner ici un sommaire abrégé des scènes représentées sur la caisse de la momie d'Athéphinofré.

Il va sans dire que la caisse sur laquelle je fais mes investigations est la plus riche, la plus belle qui ait été apportée en Europe. Elle est ornée de plus de trois cents figures et couverte de hiéroglyphes ou de signes symboliques qui ont trait à la divinité ; des cadres divisent les scènes, composées de trois et jusqu'à huit personnages. « Ces scènes se suivent, se multiplient, se coordonnent, s'éclairent, s'enchaînent, se démontrent l'une par l'autre, et forment enfin un faisceau lumineux, qui leur communique un caractère incontestable d'évidence et de vérité. » (*Courrier du Gard.*)

J'ai donné plus de mille séances, publiques ou particulières (1), à Nimes, à Montpellier et dernièrement à Toulouse, devant cent cinquante professeurs. A Paris, M. Raoul-Rochette, MM. de Salvandy, de

(1) M. Lenorman, dont je parle dans mon *Essai sur les Momies*, M. Alfred Maury, sous-bibliothécaire à l'Institut, après m'avoir entendu, m'ont dit : « Mais M. Perrot, si ces personnages à becs d'*épervier*, d'*ibis* ou à tête de *chien*, ne sont pas des dieux, qu'en faites-vous ? » Des lettres anonymes, des journaux m'ont adressé la même question, et M. Mariette me disait : « Tous les acteurs des scènes que vous avez si bien interprétées sont des dieux pour MM. nos professeurs d'égyptologie de la capitale. »

Villemain et l'abbé Maret. Parmi les savants Anglais, sir Gardner-Wilkinson, Travers Twis, Lepsius et Persius, de Berlin, etc. Il faudrait citer mille noms pour dire ceux des savants de toutes les parties de l'Europe qui m'ont fait l'honneur d'assister à mes séances, et tous, en général, ont donné à mes recherches les plus flatteuses approbations.

Malheureusement, mes séances dans la capitale, où elles eurent un grand succès, furent interrompues par des malheurs de famille; une longue maladie et des infirmités m'ont empêché d'en reprendre le cours, sans interrompre mes études sur une question d'un aussi grand intérêt pour la science et pour l'histoire.

Mes nouvelles investigations m'ont bientôt convaincu qu'il me faudrait refaire mon *Essai sur les Momies*, qui laisserait beaucoup à désirer sous le rapport de la négative du polythéisme des Egyptiens. Je n'avais pas tout découvert!

Ce sera donc l'objet d'une nouvelle publication. En attendant, nous avons cru devoir faire précéder ce Mémoire par un récit abrégé des scènes figurées sur notre belle enveloppe de momie.

Première Partie

(Côté gauche)

PREMIER TABLEAU

SCÈNE PREMIÈRE

Un génie bienfaisant prie le dieu d'être clément envers la morte renfermée dans cette caisse.

SCÈNE II

Deux servantes offrent deux boucs en sacrifice au Génie de la mort. (Mouth, que Philon de Biblos a traduit par Pluton.)

IIe TABLEAU

Deux juges reçoivent la déposition de six témoins, parmi lesquels se trouve la grande *Triade* d'Hérodote, Osiris, Isis et Ibis (1).

IIIe TABLEAU

Athéphinofré (2) se présente devant le grand juge; Osiris, Isis et Ibis l'entourent et plaident sa cause.

IVe TABLEAU

Elle demande aux trois gardiens placés dans le tour de ronde du cimetière de la laisser passer, et leur offre un gâteau pétri de miel.

Tout ce que les Grecs pouvaient savoir des mystères ou du culte de l'Egypte se borne aux rites funèbres, qui étaient publics, que nous venons

(1) Il est incontestable que le peintre qui a décoré ce monument, destiné à être exposé en public, devait connaître la valeur et le rang de ses dieux. Or, si cette fameuse *triade*, devenue classique, eût été composée *des trois premières divinités de l'Egypte*, ce peintre ne l'eût point placée au-dessous de deux *juges mortels*, devant lesquels elle semble intercéder en faveur de la morte. (Même observation pour le 3e tableau.)

(2) C'est le nom de notre héroïne.

d'énumérer, et il est facile de reconnaître ici les scènes racontées dans la mythologie. Au premier tableau, ce génie Mouth, que Philon de Biblos traduit par *Pluton*; les deux juges du second, *Eaques* et *Radamanthe*; dans le troisième, *Minos*; dans le quatrième, les trois gueules de *Cerbère*, auquel on offre le fameux *gâteau pétri de miel*. Comme il fallait une *barque* pour franchir le Nil, nous la trouverons dans le *fleuve céleste*, au 9e tableau, avec son *pilote Caron*, la *barque* (l'Argo) et le *Styx*. Les Grecs n'ont fait que broder sur ce canevas. Ces rapprochements n'auront pas échappé au lecteur.

Ve TABLEAU

Thmei ouvre la porte à Athéphinofré. Isis la conduit par la main. Anubis, qui a la clé du 2e cercle, les arrête; mais Isis lui ordonne de laisser passer sa protégée. La Justice divine la reçoit et la fera ensevelir dans cette tombe royale qui est sous la base du dieu.

Le dieu Soleil, placé sur la tête du bœuf Apis, représente ici le Dieu qui fertilise la terre.

L'âme se purifie de l'eau qui coule du vase que la Justice divine tient dans l'une de ses mains (1).

(1) C'est en vain qu'Anaxagore craint de marcher sur un artichaud ou sur une laitue dans un *horto* et d'entendre l'âme d'un de ses frères ou celle d'un dieu gémir sous la pression de ses talons; que Pythagore fait cesser de battre un chien dans la voix duquel il a cru reconnaître celle de l'un de ses amis, mort depuis peu : la scène qui se passe ici prouve que les Egyptiens ne croyaient pas à la métempsycose.

Deuxième Partie

(Côté droit)

VIe TABLEAU

Thmei demande que la croix ansée, symbole de la clé du ciel, soit donnée à Athéphinofré.

VIIe TABLEAU

Isis conduit Athéphinofré. Elles ont en main la clé du ciel. Elles demandent à la portière de leur livrer passage.

VIIIe TABLEAU

PREMIER CERCLE DU CIEL

L'Egypte, personnifiée, soutenue par les bons génies de la nation, est fécondée par le Nil, représenté par le fleuve couché à ses pieds.

IXe TABLEAU

2e CERCLE

Athéphinofré demande au *nocher* de l'*Argo* de lui faire traverser le *fleuve céleste.*

Xe TABLEAU

3e CERCLE — Ire SCÈNE

Athéphinofré demande à la *Vierge* et au *Bouvier* de la laisser s'approcher de la *Balance.*

IIe SCÈNE

Elle est près de la *Balance.* Ibis pèse son âme et ses vertus, Osiris rend compte au Grand-Juge du ciel du résultat de l'épreuve, Isis intercède. Athéphinofré, proclamée juste, s'élève au ciel; *Syrius* (1) le chien attendait l'issue du jugement.

XIe TABLEAU

Ce bandeau représente les âmes des justes qui ont obtenu la récompense céleste.

Troisième Partie

(Dessus et Intérieur)

XIIe TABLEAU

Dans l'intérieur, un lit de parade d'un grand-prêtre mort. C'est celui de Phinofré, l'époux de notre héroïne. Il est entouré de pleureuses. Deux génies adorent le dieu Soleil.

XIIIe TABLEAU

Ibis conduit Athéphinofré près du dieu Horus, qui a le soleil sur la tête; elle lui présente le pchem et le nilomètre.

XIVe TABLEAU

Elle offre les végétaux.

XVe TABLEAU

Elle offre les primeurs.

XVIe TABLEAU

Elle offre le pain.

XVIIe TABLEAU

Elle offre les fruits.

(1) Tous les noms soulignés sont ceux des constellations qui sont sur l'équateur.

XVIIIe TABLEAU

Elle lui offre l'hydromel et rend le nilomètre, en lui portant les paroles d'actions de grâces du peuple pour tous les biens qu'il a reçus. Osiris la conduit.

Les autres tableaux représentent le lever et le coucher du dieu Soleil.

Les quatre solstices sont l'objet de quatre scènes diverses, selon les saisons.

Près de vingt tableaux suivent et sont consacrés à l'histoire du dieu Soleil. Ici, c'est l'Egypte qui s'épouvante quand son dieu entre dans le signe du *Serpent*, qui pleure, gémit et prie au solstice d'hiver; mais elle espère lorsque les jours commencent à croître, se réjouit quand le soleil entre dans le signe de l'*Agneau*, et enfin, célèbre des fêtes solennelles qui durent plusieurs jours, à la mi-juin, quand son dieu est au haut du ciel, au zénith.

Il résulte de l'explication donnée de ces peintures que tous les personnages que les anciens et les modernes ont cru être des dieux, ne sont que les représentations des figures symboliques de telles ou telles vertus. Cet ancien proverbe : « Fin comme un renard et glouton comme un porc» était connu des Egyptiens, qui pourraient bien en être les auteurs, dès la plus haute antiquité, et par cette même raison, ces deux animaux ne pouvaient être l'objet de leur vénération.

Osiris était le symbole de la Foi, Isis ou Thmei, dont nous avons fait Thémis, celui de la Justice et de la Vertu ; Ibis (1) celui de la Prudence et la Sagesse ; Anubis, tête de chien, celui de la Fidélité, de la Surveillance ; le coq, celui de la Vigilance ; le bœuf Apis, celui de la Puissance et de la Fertilité (2), etc.

Telles sont les explications que j'ai cru indispensable d'énumérer sommairement pour l'intelligence du Mémoire qui suit, et que j'ai adressé à l'Académie impériale des Inscriptions et Bellet-Lettres de Toulouse.

(1) Ibis ou Tot, le Mentor des Egyptiens, était fils de Phré et de Mouphta (le soleil et la lune, la lumière), pour montrer que la sagesss était la première de toutes les vertus. Les Grecs firent sortir Minerve de la tête de Jupiter et Mars de sa cuisse.

(2) Moïse dit que « les quatre taureaux qui supportent le grand vase de purification symbolisent la puissance divine. »

MÉMOIRE

A MM. LES MEMBRES DE L'ACADÉMIE DE TOULOUSE

UN DERNIER MOT
SUR LE PRÉTENDU POLYTHÉISME DES ÉGYPTIENS

Messieurs,

Vous m'avez vu démontrer, par l'interprétation des peintures des monuments de l'Egypte, que les Egyptiens étaient faussement accusés de polythéisme.

Depuis bien longtemps, je cherche dans les auteurs grecs, depuis Sanchoniaton, qui vivait bien avant le siége de Troie, jusqu'à ceux du premier siècle de notre ère, l'origine de cette erreur.

Voici quel a été le résultat de mes investigations :

1° Les fausses interprétations de l'histoire ;

2° Les fables composées et chantées par les auteurs grecs ;

3° Et enfin, la théogonie ou croyance des peuples grecs.

I — *Les fausses interprétations de l'histoire et des œuvres d'art.*

Les arguments opposés à nos découvertes par les apôtres du polythéisme sont les suivants ; ils rentrent nécessairement dans l'énumération des fausses interprétations de l'histoire.

1° Lorsque les troupes égyptiennes levèrent le siége établi devant Peluse, le général qui commandait dans cette ville fit son rapport en ces termes :

« *Nos chiens, nos chats et nos ibis ont mis les ennemis en fuite.* » (Hérodote, Grammaire de Champollion, etc., etc.)

La Perse était composée d'un grand nombre de petites nations dont chacune fournissait un contingent de soldats au souverain. Chaque peuple avait ses armoiries, ses étendards particuliers, et les monuments antiques sont là pour le prouver. L'arc-de-triomphe d'Orange, par exemple, représente dans ses bas-reliefs les étendards des peuples de la Gaule vaincus par Domitius-Ænobarbus, des porcs, des chars, des ancres, des proues de navire, une braye (Gaule Bracata), tels sont les trophées des vainqueurs.

Aujourd'hui encore, chaque peuple, chaque ville a ses armoiries : crocodiles, tarasque, lion, château, aigles, léopards, etc.

Il est à présumer que, dans une sortie habilement combinée, les Perses firent entrer dans la place une nouvelle légion ayant pour armoiries un chien. Le lendemain, les soldats rangés sur les remparts montrèrent aux yeux des Egyptiens les chiens, les chats et les ibis, qui ornaient leurs casques, leurs boucliers et leurs étendards, et ces derniers prirent la fuite.

Comment a-t-on interprété ce fait ? Comme on l'interprète encore aujourd'hui, *par l'adoration de ces animaux.* Cette figure, cette métaphore n'a pas été comprise, bien que depuis plus d'un demi-siècle nos *Moniteur de l'Armée* en aient donné mille fois de semblables (1).

2° « On rapporte que, lors de l'invasion de Cambyse en Egypte, chaque soldat de son armée portait un chat sur son bras. Les Egyptiens furent vaincus et dispersés. »

L'auteur a omis de dire que c'était un chat-tigre peint sur les grands boucliers ainsi que sur les drapeaux.

3° « Sous l'empereur Titus, un soldat ayant tué un chien faillit être lapidé. »

Si un soldat étranger tuait le *gardo-biasso* (le garde hâvre-sac) d'un travailleur de terre des Bourgades, il courrait le même danger.

En Corse, la mort d'un chien causa celle de neuf chefs de famille. Les Corses n'adorent pourtant pas leurs chiens.

4° Les interprétations de l'histoire que je signale plus haut ne sont pas les seules erronées. Un savant, membre de votre Société, a cru trouver dans une

(1) Après l'une de mes séances, à Toulouse, le *Journal de Toulouse* s'exprimait ainsi :

« M. Perrot a réponse à tout. Parlez-lui du siége de Péluse, il vous dira : Ouvrez le *Morning Post* et le *Moniteur* et vous y lirez : « L'*Aigle* et le *Léopard* ont triomphé à » Sébastopol », et cependant on n'accusera pas les rifflemen et les zouaves d'adorer l'*Aigle* et le *Léopard*. »

phrase du Dictionnaire de Champollion la preuve que les Egyptiens adoraient plusieurs dieux. Cette phrase, qu'il a rendue incomplètement par : « *J'ai adoré le dieu Phré* », lui a suggéré l'idée d'une nouvelle divinité de ce nom, tandis que, s'il eût poussé son examen dans les phrases suivantes ou celles qui la précèdent, il eût trouvé que le nom de Phré est l'un de ceux donnés au soleil.

« Le Soleil esprit actif du monde », page 4.

« L'approuvé par le Soleil, titre donné aux monarques de l'Egypte », ibid.

« Enfanté par le Soleil, l'Enfant du Soleil, titre donné aux souverains de l'Egypte », ibid.

« Aimé ou Aimée par le Soleil », ibid.

« Ramos que *Phré* a engendré », page 5.

« Le dieu Phré, Hélios, le dieu Soleil », ibid.

« Phré, dieu bienfaisant », ibid.

« Le Bien-Aimé de Phré », ibid., etc., etc.

Ces citations prouvent que Phré est l'un des noms donnés à l'astre du jour, et Hélios celui qui lui vient du temple et de la ville d'Héliopolis, qui lui étaient consacrés, et où le soleil était plus particulièrement adoré. Moïse fut l'un des prêtres de ce temple fameux, et il épousa la fille du souverain pontife.

Nous ne citerons pas tous les autres noms donnés au dieu Soleil, et dont la nomenclature ressemblerait à une longue litanie, car non-seulement il prenait celui des lieux où il avait des temples où on l'adorait, comme nous l'avons prouvé pour le nom d'Hélios, mais encore il portait ceux de toutes les vertus, de toutes les puissances qui forment l'entourage de la divinité et n'appartiennent qu'à Dieu. Ainsi ceux de Puissant, Fort, Lumière des lumières, Sage, Vertueux, Véritable, Prudent, Juste, Bon, etc., qui, chez les Egyptiens comme chez nous, entrent dans l'exaltation du nom Dieu, appartenaient à une seule et unique divinité.

La diversité de ces noms, leur appellation, traduites peut-être bien imparfaitement des hiéroglyphes, si peu connus et que la prononciation rendait en quelque sorte étranges, a seule suffi pour en faire des dieux.

Il est une observation qui n'échappera pas à la perspicacité des hommes savants auxquels ce travail s'adresse : c'est que le titre, le nom de Dieu ou d'Eternel qui revient dans nos prières, dans nos chants, dans nos psaumes, à chaque verset, presque à chaque phrase, nous qui n'adorons qu'un seul Dieu, ne se trouve que rarement dans les prières, dans les légendes et dans les inscriptions des Egyptiens, qui sont accusés d'en adorer plus de trente mille.

Un fait qui est incontestable, c'est que le nom, le signe ou le titre de dieu n'est jamais placé ni devant ni à la suite de l'épervier, du chien, du serpent, de l'ibis et du bœuf, moins encore devant les oignons de Juvénal ou les fèves de Pythagore.

Ces contes absurdes ont été inventés par des poètes d'une imagination féconde et qui, à l'exemple d'Esope, ont fait des fables.

Tout cela tient à ce que notre foi dans les anciens auteurs nous a porté trop loin et nous a fait accepter, soit par respect, soit par admiration, soit enfin faute de mieux ou en l'absence d'autres histoires, toutes celles qu'ils nous ont débitées. D'un côté, c'est Hérodote et son escorte d'auteurs grecs qui l'ont imité ; de l'autre, ce sont les auteurs du livre mosaïque. Les uns et les autres semblent s'être couverts du manteau de l'infaillibilité que chacun respecte et n'ose soulever.

« Mais il ne suffit pas, disait Messala devant Tacite et Aper, de faire le portrait ou la statue d'un homme. Si on le revêt d'un costume barbare, il sera toujours difforme et désagréable à la vue ; il faut pour qu'il plaise que le costume dessine la beauté de ses formes, qu'il ait de la souplesse et de la grace. »

Cicéron n'eût point triomphé de Dévétiac, en plaisantant sur son dialecte, ses larges brayes et son châpeau à grandes ailes rabattues, si ce dernier eût parlé latin et porté la toge romaine. (Thierry)

C'est ainsi que les auteurs grecs ont défiguré les Egyptiens. Croyant au polythéisme des peuples, ils ont créé à l'envi des idées et des dieux ; ils ont fait plus encore : ils leur ont forgé des histoires et des généalogies ; peu n'ont pas une triade, ce qui en augmente le nombre, car il est impossible *qu'un dieu ne naisse d'un dieu et d'une déesse. Ce principe erroné les conduirait de génération en génération jusqu'à la Création.* Il suffit de lire Hérodote pour se convaincre des erreurs qu'il renferme, et c'est avec juste raison que l'esprit français a créé de son nom le mot de *radotage* (1).

En vain les juges des jeux olympiques décernèrent aux neuf livres d'Hérodote les noms des neuf muses, cela n'empêcha pas aux critiques de l'accuser d'avoir avancé des faits *si surprenants et si extraordinaires* qu'ils sont incroyables; d'avoir donné dans la *fable* et d'avoir fait *une histoire si poétique que la vérité n'y est souvent pas reconnaissable.* Ils ont attaqué avec raison tout ce qu'il a écrit de plus *invraisemblable.*

Qui voudrait accepter comme vrai le *Télémaque* de Fénelon ? Et pourtant les éloges n'ont pas manqué à ce poème, qui est bien loin d'être aussi exagéré que les œuvres d'Hérodote, qui écrivait à Thurie, petite

(1) Les critiques d'Hérodote l'accusent d'avoir trop donné dans la fable, et d'avoir fait une histoire si poétique que la vérité n'y est souvent pas reconnaissable. Ils attaquent tout ce qu'il a écrit de moins vraisemblable. Causabon même a cru que les *contes* d'Hérodote avaient fait inventer à ses calomniateurs le mot français *radoter*. (*Dictionn.* Morery.)

On cite d'Hérodote l'histoire de Candale et de Gygès comme taxée d'une exagération plus que fabuleuse.

Hérodote parle des femmes de Babylone, obligées de se prostituer une fois dans leur vie aux étrangers dans le temple de Militta.

Flavien Josèphe dit que c'est moins encore qu'une fable; il cite à ce sujet plusieurs auteurs qui soutiennent qu'il était absolument interdit aux femmes de se montrer aux étrangers.

ville d'Italie, dans la grande Grèce, où il s'était retiré (1).

On ne peut reprocher aux œuvres de Platon l'exagération qu'on reproche à celles d'Hérodote. Platon, qui a précédé ce dernier d'un demi-siècle, étudia pendant treize ans la philosophie et la sagesse auprès des prêtres de l'Egypte ; Platon, qui rapporta de ce pays ses idées sur l'*unité divine*, n'eût pas manqué de nous dire que ce peuple était polythéiste, tandis qu'il garde sur ce culte le plus profond silence.

MM. Lanci et l'abbé André ont démontré que le livre mosaïque était tout autant faillible que celui d'Hérodote, en nous prouvant que les traductions étaient erronées : 1° en parlant des géants; 2° des idoles de Michol, femme de David ; celles de Sara et celles de Rachel, ce qui laisserait supposer que David, Jacob et Abraham étaient idolâtres, etc. D'où viennent ces erreurs? Des traducteurs? Oui. Mais lorsqu'on peut prouver que les traducteurs du livre saint ont erré, qu'étant Grecs, ils étaient sous l'influence de l'idée du polythéisme des Egyptiens, auquel leur foi leur imposait de croire, comme nous le prouverons, comment ne pas admettre que c'est en cédant à cette

(1) *Télémaque*, ce roman si poétique, ce poème si romanesque, qu'on le dirait pensé par Homère, écrit par Virgile et Ovide ; ce livre où la morale est enfouie sous une couche de fleurs si épaisse que le lecteur dédaigne bien souvent le fond sérieux de l'œuvre pour s'en tenir à la gracieuse superficie qui le cache. (M. de Saint-George.)

influence qu'ils ont parlé de ce culte dans la traduction biblique? Comment se refuser à l'évidence que ceux qui ont cru que l'écrin de Michol, renfermant des joyaux nommés tantôt *térafins* et tantôt *aloai*, qu'ils ont traduit par *idôles*, se sont mépris en parlant des prétendus dieux de l'Egypte et de son culte ?

Nous ne dirons pas ici toutes les erreurs de traduction signalées par ces savants auteurs sur le *tunim*, l'*urim*, l'*ephobe*, le *chandelier à sept branches*; sur le *tabernacle*, les *clochettes* et le *Jé-ho-va*, qu'on a par erreur placé sur le bandeau qui décorait le front du grand sacrificateur.

Comment ne pas admettre que les traducteurs qui ont fait dire à Abraham : *Quand LES DIEUX me firent sortir de la maison de mon père*, etc., aient pu, prenant tous les noms sous lesquels le Dieu des Egyptiens était invoqué pour autant de dieux divers, dire de même : Les DIEUX de l'Egypte.... , etc. ?

5° La commission de l'expédition d'Egypte et les Champolion, les Ampère, Gardner Wilkinson, Lepsius et Layard, etc., ont donné dans leurs publications les figures de ces sphinx gigantesques qui ornaient les avenues des temples. Celui qui est publié par M. Layard représente un énorme lion ailé à tête humaine (celle d'un roi).

On a supposé, tant l'idée fixe du polythéisme dominait tous ces explorateurs, que toutes ces figures monstrueuses étaient celles des dieux des Egyptiens. On n'a pas compris que les artistes de ces époques pussent se permettre les mêmes écarts d'imagination et de caprice, que j'appellerai artistiques, que ceux de nos époques modernes. Voyez les monstruosités qui entrent dans les ornements sculptés de nos églises du septième et du onzième siècle, les gargouilles, les machicoulis, les griffons, les tarasques et tant de figures burlesques, voire même des obscénités que la plume se refuse à décrire; puis les chapitaux, les frises, les bas-reliefs de nos anciens cloîtres, et qu'on nous dise si les Egyptiens ont poussé plus loin de telles fantaisies.

Si les monstres imaginaires dont parle le Livre-Saint, dans l'Apocalypse et dans le songe d'Ezéchiel, étaient représentés, peints ou gravés, on acquérait la preuve que de tout temps l'imagination de l'homme a été portée à l'exagération. Ici, ce n'est pas seulement le sculpteur, dont les œuvres ne portent aucune responsabilité, mais un livre saint, qui ne devrait contenir que le vrai ou tout au moins le vraisemblable (1).

(1) Le christianisme a admis comme figures symboliques quelques figures d'animaux, sans y attacher aucune idée de latrie; tels sont l'agneau et la colombe, le lion, le bœuf et l'aigle donnés aux évangélistes, etc.; mais nous plaindrions sincèrement l'erreur des étrangers à notre culte et à nos pays qui leur ferait trouver dans ces signes autre chose que la signification emblématique que nous y attachons nous-mêmes.

Tel est le cas des Egyptiens.

Que le lion de M. Layard soit le symbole de la force, du courage, de la valeur du souverain dont il porte la tête, ou bien peut-être les armoiries de Ninive où il a été trouvé, cela s'explique naturellement, tandis que les figures que nous avons citées, tant celles du livre mosaïque que celles de nos édifices religieux, restent inexplicables.

II — *Les fables composées et chantées par les auteurs grecs.*

On connait l'amour des peuples d'Orient pour les fables et les contes merveilleux. Esope a fait parler les bêtes, et souvent avec plus d'esprit que les hommes. Homère allait de ville en ville réciter ses poèmes de l'*Iliade* et de l'*Odissée*; Tucycide faisait de même au théâtre, et Platon lisait les siens sous les portiques de l'Académie; Cratyle, dans les bains ou sur les places publiques. Pythagore, Anaxagore, Heuraclyde, Hermogène, Socrate au Lycée ou dans sa petite maison, qu'il trouvait trop grande pour l'emplir de vrais amis.

En général, tous les poètes lisaient leurs œuvres devant le public, qui battait des mains.

Rarement ces philosophes étaient d'accord. Chacun faisait son école, et il y en avait autant que de rhéteurs. Les théologiens du christianisme suivirent ce funeste exemple, et leurs disputes créèrent les schismes qui le désolèrent.

Nous disons que l'esprit des peuples d'Orient a été

de tout temps épris du merveilleux. On en retrouve les traces même dans les choses les plus saintes : les auteurs du mosaïsme font parler les serpents et les anesses ; ceux du Coran font parler les loups et les chamelles.

Hérodote, qui se flatte d'en savoir plus qu'il n'en dit, pourrait, à mon avis, mériter le reproche d'en dire plus qu'il n'en sait, et d'avoir inventé beaucoup de choses, surtout sur le compte des Egyptiens.

« Ne faisons pas comme ces poètes grecs, dit un savant auteur, qui vont de ville en ville réciter ou chanter des contes ou des fables absurdes sur les peuples voisins dont ils ne connaissent ni les mœurs ni la religion.

» La douceur d'un dialecte si harmonieux, la perfection des vers, le talent avec lequel ils les débitent leur donne créance ; si bien que, passant de génération en génération, elles acquièrent un tel caractère d'authenticité, que si quelqu'un cherchait à les détromper en leur démontrant la vérité, il serait considéré comme un imposteur. »

Telles sont ces fables, qui malgré leur absurdité *devinrent classiques* chez les Grecs et chez les Romains, et le sont encore parmi nous, dans notre siècle de lumière !

« Pour le peuple ignorant, la fable a plus d'attrait que l'histoire. »

Cette grande vérité a été déjà placée en tête d'un de mes articles publiés dans les journaux.

En effet, il faut que nous soyons de grands enfants pour avoir accepté sans examen toutes les fables mises sur le compte de ces pauvres Egyptiens.

Les poètes se servent de tout et ne répondent de rien, pourvu qu'ils trouvent une rime, un motif pour faire de l'esprit. Mais qui dit rime ne dit pas toujours raison ; la rime plaisante, tandis que la raison est sévère. Juvénal joue avec les oignons d'Egypte, que les Hébreux regrettaient tant dans le désert ; mais il ne dit pas qu'ils fussent adorés.

Corneille nous fournit la preuve de ce que nous avançons :

> Tous les monstres d'Egypte ont leur temple dans Rome.

Ce vers, qui s'encadre parfaitement dans sa tragédie, est erroné. Nous connaissons les dieux qu'adoraient les Romains, et je ne pense pas qu'on y découvre trace d'animal. Jupiter, Junon, Mercure, Apollon, etc., ne sont jamais figurés sous les traits des bêtes. Au moins est-il constant qu'on n'y a jamais vu les nymphes, les forêts, les fontaines, Echo, Zéphyre, le feu, l'air et ces milliers de dieux de la fable du paganisme, représentés par des animaux.

Supposez un instant Platon historien à la place d'Hérodote; Platon, surnommé le Moïse athénien, dont François Patrice faisait l'éloge devant le pape Grégoire XIV; Platon, dont malheureusemeni la plupart des œuvres sont perdues, mais que les premiers pères de l'Eglise, les saint Denys, saint Justin, saint

Clément d'Alexandrie, Origène, saint Cyrille, saint Basile, Eusèbe, Théodoret, Arnobe, Lactance, saint Augustin, saint Ambroise, etc., élevaient au-dessus de tous les sages de l'antiquité; Platon historien, et l'on n'eût jamais dit, ni même supposé que les Egyptiens fussent polythéistes, car ce philosophe ne le dit pas. Il est vrai que Bossuet n'aurait pas eu l'occasion de dire cette phrase si spirituelle, mais si erronée; « qu'en Egypte tout était Dieu hors Dieu »; mais un trait d'esprit de moins n'aurait pas amoindri la réputation du grand orateur, et nous aurions une vérité de plus (1).

III—*Théogonie ou croyance des peuples grecs.*

La théogonie des Grecs n'a pas peu contribué à faire naître dans l'esprit de ce peuple la croyance au polythéisme des Egyptiens.

« Les Titans ayant escaladé le ciel en chassèrent les dieux, qui se réfugièrent en Egypte, où ils prirent toute sorte de formes, *sous lesquelles ils furent adorés.* » *(Mythologie.)*

Il n'était pas plus permis à un Grec de douter de la persécution à laquelle ses dieux avaient été en

(1) Strabon nous dit que Platon et Euxode habitèrent en Egypte pendant treize années dans la même maison. Il est impossible de supposer que ce fût pour apprendre des philosophes et des sages de ce pays à adorer des rats et des porreaux, etc.

butte de la part des Titans, qu'il ne le serait à un chrétien de douter que Satan transporta Jésus sur une haute montagne pour s'en faire adorer.

C'était pour les Grecs un article de foi. La rigueur des lois du paganisme est prouvée par les martyrs, qui préférèrent mourir plutôt que d'adorer des dieux imaginaires. Tel fut, entre tant d'autres qui subirent le même sort, notre compatriote saint Baudile.

Les archontes d'Athènes n'étaient pas moins sévères, lorsqu'ils envoyèrent la ciguë à Socrate; et Platon, qui comme lui reconnaissait et proclamait l'unité divine, n'échappa à la mort qu'en admettant la divinité de Cybèle et celle de Pluton.

Ces archontes ne faisaient pas plus grâce aux athées de leurs dieux du premier et du second ordre que n'en firent les inquisiteurs des derniers siècles à ceux qu'ils traduisaient devant leur tribunal.

De ce que les auteurs de la théogonie des Grecs ont choisi pour théâtre de la transformation de leurs dieux l'Egypte, qui était alors le pays le plus puissant, le plus riche et le plus avancé dans les sciences, s'ensuit-il que les Egyptiens soient forcés d'accepter cette théogonie?

La Judée a vu naître, vivre et mourir Jésus-Christ, et toutes les scènes de l'histoire, base du christianisme, et cependant les Arabes et les Turcs ne reconnaissent pas ce culte.

D'un autre côté, l'alphabet hiéroglyphique des

prêtres de l'Egypte, composé de milliers de figures d'hommes, d'animaux, d'oiseaux, de reptiles, de poissons, de plantes et même d'instruments de tous les usages dont les murs des temples étaient décorés, prêtait à cette croyance une apparence de vérité ; car, tandis que *les Grecs croyaient y voir les figures de leurs dieux transformés*, le sacerdoce égyptien n'y voyait *que des caractères sacrés sous lesquels il cachait ses mystères*, des lettres qu'il fallait lire au moyen d'un arcane connu des prêtres seuls (1), ou des figures symboliques de vertus personnifiées de son dieu.

J.-F.-A. PERROT, *Archéologue.*

(1) Moïse avait un certain arcane pour lire l'hébreu, au moyen de points qui indiquaient l'ordre qu'il fallait suivre. (Fabre d'Olivet.)

APPENDICE

La lecture de ce Mémoire et de l'interprétation des peintures qui précède a pu vous convaincre d'un fait désormais incontestable : c'est que les personnages pris jusqu'ici pour des dieux ne sont placés dans ces scènes que comme des témoins ou des intercesseurs, et qu'ils ne sont jamais intercédés. Dans le Xe tableau, Osiris rend compte de l'épreuve de la balance, et Ibis en est le peseur; dans le XIIIe, Ibis conduit auprès du dieu; dans le XVIIIe, c'est Osiris qui présente Athéphinofré à l'Être suprême; nulle part le rôle qui leur est assigné n'est celui d'un dieu.

Cependant, l'erreur est tellement enracinée que nous voyons encore de nos jours des hommes éminents, des professeurs émérites écrire pour défendre le principe du polythéisme des Egyptiens, et plus d'un nouveau Bossuet s'écrier : « En Egypte, tout était Dieu, hors Dieu (1). » Tels sont MM. l'abbé M..... à Paris, l'abbé *** à Rome, le chanoine Dag.... à Naples, Pa... à Berlin, etc.

(1) Fénelon semble ne pas partager cette opinion dans son voyage de Télémaque en Egypte, sous le règne du grand Sésostris. Il parle d'un prêtre du soleil, et point du tout du culte des animaux, ce qu'il n'eût pas manqué de faire.

Oui, Messieurs, cherchez dans les hiéroglyphes, si peu et si diversement interprétés ; cherchez des noms de dieux, mais laissez-moi vous dire ce qui arriva à l'un de mes amis.

Etant aux grandes Indes, il eut la fantaisie de prendre un domestique parmi les naturels du pays. De retour en France peu de temps après, il tomba malade. Comme au milieu des souffrances qu'il éprouvait il répétait souvent : *Seigneur ! Seigneur !* l'Indien lui demanda l'explication de ce mot ; mon ami lui répondit qu'il signifiait *Dieu.*

Après plusieurs jours de maladie pendant lesquels mon ami n'avait pu recevoir, il s'informa si l'on était venu demander de ses nouvelles et quelles personnes c'était. L'Indien lui répondit :

— Il est venu *beaucoup de dieux :* celui de Saint-Césaire, ceux de Bouillargues, Gallargues, Lunel, Codognan, Marguerittes, etc., etc.

A ce compte, il y aurait plus de *cinq cent mille dieux en Europe* (1).

Quelque futile et de peu de force que paraisse cet exemple, nous n'avons pas hésité à l'admettre, pouvant fournir des arguments bien autrement sérieux.

J'ignore si le dialecte parlé en Egypte dans les temps les plus reculés n'avait pas de termes pour désigner un homme vaillant, un philosophe, un sage,

(1) La Bible dit en parlant aux juges : « Vous êtes des dieux sur la terre, mais Dieu vous jugera dans le ciel. »

un saint, un guerrier, un grand homme enfin; sous quels noms on les exaltait, mais je vous dirai : Prenez garde de ne pas faire comme mon Indien, et de ne pas prendre des barons, des comtes, des marquis, des ducs (1) et tous les puissants de la terre pour *des dieux*.

Platon avait découvert dans la théogonie des Egyptiens un semblant de trinité (2).

En effet, le XIIIe et le XVIIIe tableau justifient cette opinion. Le dieu Horus y est représenté avec un soleil sur la tête (c'est l'auréole de nos temps modernes). Près de lui est Isis (la lune). Le premier est la lumière du jour, l'autre est la lumière de la nuit, considérée comme son épouse, dit Champollion. Au-dessous, on voit l'épervier disqué ; c'est l'âme divine de la nature. Telle serait la trinité du culte des Egyptiens qui se rapporterait au dieu de lumière, le seul dieu qu'ils aient adoré. Nous voyons dans le dictionnaire de ce savant égyptologue toutes les exaltations du dieu Soleil ; nous observons les suivantes :

« Groupe composé du signe *montagne* et du disque du soleil. » La montagne solaire, page 10. (Le soleil s'élève entre les deux montagnes.)

(1) Tacite nous dit qu'il y avait des ducs.

(2) Les sublimes inspirations de Platon, dit un auteur anonyme, sur l'existence de l'âme, sur sa distinction de la machine animale, sur son immortalité, sur les peines et les récompenses après la mort, sur l'unité divine, sa philosophie, tirée en partie des anciens livres égyptiens, avaient occupé Alexandrie, ville raisonneuse quoique commerçante, et avaient percé jusqu'à Jérusalem (secte des esséniens). »

« La demeure du soleil, Héliopolis », page 6. (Habitation du dieu Soleil.)

« Taureau décoré du disque. » Le dieu fertilise la terre, page 119. « Le bœuf Apis est le symbole de la fertilité et de la puissance divine. » (Moïse)

« Le dieu s'élève », page 161. (Le dieu s'élève sur le Nil.)

« Le dessus des portes des temples de l'Egypte était décoré d'un soleil ailé (comme nos églises le sont d'une croix). »

C'est donc le symbole, je dirai plus, la figure du dieu qu'on y adorait. Moïse se chargera de nous dire quel était l'autre symbole attaché aux ailes :

« Vous décorerez l'arche d'un disque ailé, ayant les ailes ouvertes, car les ailes allongées sont le symbole de la bénédiction ou protection, tandis que les ailes écourtées ou fermées signifient malédiction. » (1)

Voilà donc une décoration égyptienne adoptée par le législateur hébreux (2).

(1) A. Lanci, professeur à la Sapience, à Rome. *La Sainte Ecriture éclaircie au moyen des monuments assyriens*, 1844.

(2) Quoique tous les signes que nous invoquons ici se trouvent dans le dictionnaire de Champollion ou sur la

« Zacharie, dit M. Lanci, voyait dans le *disque ailé* des Egyptiens (le soleil) le symbole permis aux Hébreux, dit-il, pour figurer quelques-uns des attributs de Dieu. »

Ezéchiel dit aussi (Lanci, page 122) en parlant du soleil : *Tu es le chérubo protecteur* (ch. XXVIII, v. 14). Chérubo devient un disque *orné d'ailes déployées pour ombrager*, *protéger* (textuel).

Le même auteur ajoute (page 125) :

« Les séraphins sont des disques flamboyants de lumière. « *Fais un sérafo* », dit Dieu à Moïse (nombre XXI, v. 8). »

Disons donc avec le Psalmiste et dans un esprit de foi : *Protégez-nous à l'ombre de vos ailes, ô Seigneur !* C'est pour cette raison que les prêtres égyptiens plaçaient des disques *ailés* ou des animaux symboliques, toujours avec d'immenses *ailes*, sur les temples, sur les corps des momies pour exprimer la grandeur de la protection divine.

C'est ainsi que Zacharie nous donne l'explication de la valeur symbolique du disque et des scarabées aux ailes déployées ou fermées dont nous donnons plus loin la figure.

M. Lanci dit encore à la page 114 :

« Le temps, qui détruit tout, n'a pu tellement

caisse de notre momie, le lecteur comprendra de quelle importance il était pour nous d'y appliquer l'interprétation que Moïse y attachait.

ruiner les temples élevés au soleil, chez les nations les plus anciennes, que nous ne puissions en comprendre la splendeur et la magnificence. Je ne parle pas du Latium et de la Grèce, mais de l'Egypte, de l'Arabie, de l'Inde, de la Chine et de l'Amérique, où nous voyons que les premiers honneurs divins ont été rendus au soleil..... »

Le symbole attaché au disque ailé nous sert à en expliquer un autre.

Nous voyons aux angles des tableaux de notre caisse un œil ailé; du larmier pend un énorme serpent aux enroulements duquel est appendue une croix ansée

Cette croix est le symbole de la vie (vie céleste, vie heureuse, clé du ciel, IIe, IVe et VIe T.), le serpent étant celui de la mort, la figure s'expliquera ainsi : « L'œil divin, veille, bénit ou protége les vivants et les morts. » (1)

(1) *Essai sur les Momies*, page 53.

La croix simple et sans anse que nous trouvons sur notre caisse, dans les Ve et VIIIe tableaux, est l'emblème du *chemin du ciel.* En effet, elle est formée de la division de la sphère céleste par la ligne polaire et l'équateur; la première conduit dans les zones glaciales ou *Tartare*; la seconde sous le soleil, là où murissent les fruits et les fleurs, c'est l'*Elysée* des anciens ou le Paradis. (*Voir* ma réponse à cette question, formulée par M. de Salvandy, adressée à MM. Lordat et Schunoltz, professeurs de l'Ecole de médecine de Montpellier.)

Une autre figure se rattache encore au même symbole, c'est le scarabée roulant son globe, ou le disque du soleil. Il est l'image de la régénération, lorsqu'il a les ailes déployées, c'est-à-dire depuis l'équinoxe du printemps jusqu'à l'automne [illegible] et signifie la bénédiction; mais lorsque le soleil tombe dans le serpentaire et dans les nébuleuses, il semble maudit, car la nature est morte et la terre stérile.

On ne peut méconnaître l'intention du peintre dans cette colonne de scarabées placée au centre des ornements du sarcophage, dont le plus grand occupe le pectoral comme un bijou précieux celui d'un prince, tandis que, diminuant graduellement en descendant jusqu'aux genoux, les premiers ont les ailes déployées et les derniers les ailes fermées. L'artiste a ainsi représenté par ce tableau le triomphe de son dieu pendant la belle saison et son abaissement pendant l'hiver.

L'interprétation que Moïse donne aux ailes *ouvertes* ou *fermées* explique parfaitement cette figure.

O Ce signe se trouve dans la prière qu'Osiris,
I Isis et Ibis adressent au Juge du IIIe tableau, et signifie le DIEU UNIQUE.

LE BOEUF APIS

J'entends des millions de professeurs, de savants, d'étudiants devenus prêtres, avocats, docteurs, et tous ceux qui passèrent ou passent leurs jeunes années à étudier sur les bancs de nos colléges ou des séminaires, s'écrier : « Eh quoi! le bœuf Apis n'était-il pas un dieu des Egyptiens? »

Le savant abbé Affre nous a dit toutes les difficultés que présente la lecture des hiéroglyphes. S'appuyant sur les critiques de Brice, Yong et Klaprot, auteurs anglais, qui s'élèvent contre quelques interprétations de Champollion, il a savamment énuméré ces difficultés, dont la plus grande, selon lui, était à savoir de quel côté il fallait lire les hiéroglyphes, de *droite* à *gauche*, ou de *gauche* à *droite* (1).

Ce problème, qui n'a pas été résolu ni prévu par Champollion, plaçait le lecteur dans un embarras qu'il sera facile de concevoir, car si on lit la demande de droite à gauche, on obtient la connaissance de l'objet demandé, mais il se peut que la réponse doive être lue dans le sens inverse (2). Ne le sachant pas, on se jette dans un imbroglio qui détruit tout le succès obtenu par la lecture de la demande.

Il faut donc convenir que l'œuvre de Champollion n'est pas irréprochable sous tous les rapports, et cependant nous serons longtemps encore forcés d'avoir recours à son dictionnaire, qu'une mort prématurée ne lui permit pas de corriger et de perfectionner.

Nous voyons aux pages 118 et 119 le Taureau ou les Bœufs, et ces deux pages sont presque entièrement

(1) « Les peuples d'Orient écrivaient de *droite* à *gauche*.» Telle est l'opinion généralement adoptée ; c'est une erreur. Ce qui est exact pour les Arabes et les Hébreux ne l'est pas pour les Egyptiens, dont la plupart des signes sont mimiques et doivent être lus selon la direction qu'on leur a donnée.

Nous avons heureusement résolu ce problème devant M. Chanal, alors préfet du Gard. Nous en donnerons une explication plus détaillée dans notre prochaine publication.

(2) *V.* au troisième tableau Osiris et Ibis parlant au juge et la réponse de celui-ci.

consacrées à énumérer des troupeaux de ces animaux, depuis les nombres 122 à 1919, etc. Chaque ligne a en tête la figure de l'un de ces animaux.

L'un d'eux « devient le signe *Être fort*, *Être puissant*, et selon Horapollon, la *force* unie à la *tempérance.* »

Un taureau est suivi du signe *Phallus* et il porte le titre de taureau *générateur de l'Occident.*

Un troisième, sous le titre d'Hapi (Apis), « lequel était censé emporter la momie d'Osiris, et par imitation celle de tous les morts à la catacombe. »

Le taureau ne prend le nom d'Apis ou de taureau sacré que lorsqu'il porte le disque du soleil sur la tête (page 119).

Nous avons vu sur une de nos caisses un taureau emportant une momie; deux esclaves couraient après lui en le frappant de leurs fouets pour activer sa marche; ce qui n'est guère propre à faire présumer qu'il fût adoré.

Tous les monuments, tous les musées, toutes les collections où Champollion a puisé sont indiqués. C'est à Naples, à Rome, à Turin, à Paris, à Berlin. Il désigne les stèles, les obélisques, les momies qu'il a étudiés : aucun de ces monuments ne lui a dit que le bœuf Apis fût un dieu.

La fête du bœuf Apis consistait à le promener par la ville, couvert de riches caparaçons et de guirlandes de fleurs, à la même époque où nous faisons la procession des Rogations pour demander à Dieu de bénir les fruits de la terre. Elle n'avait pas d'autre motif, le bœuf étant le symbole de la fécondité, et tandis que cette cérémonie avait lieu à Memphis, la même solennité avait lieu à Thèbes pour Athor, la vache sacrée. (En Chine, on promène une vache à la fête des laboureurs.)

Le peuple, toujours peuple, attachait une grande influence au bonheur de voir ces animaux ; c'est pourquoi on sollicitait vivement la faveur de les visiter dans leur étable. C'était de bon ou de mauvais augure si le bœuf regardait le visiteur ou détournait la tête, s'il acceptait ou refusait ce qu'on lui offrait (1). De là des offrandes dont les prêtres exploitaient à leur bénéfice les revenus. La superstition fut poussée au point de les consulter comme des oracles, mais jamais elle n'alla jusqu'à les adorer.

La promenade du bœuf Apis pourrait bien avoir un peu déteint sur celle de nos Bœufs-Gras à Paris, à Rome et dans toutes les grandes villes, sans avoir de caractère religieux, cette dernière ayant lieu à l'entrée du soleil dans l'équinoxe du printemps, alors que la nature se réveille.

Peu de personnes, dans notre capitale, se doutent que le vaisseau qui sert d'armoiries à la ville de Paris

(1) A Marseille, lors de la promenade du Bœuf-Gras, si, forcé ou poussé par la foule, cet animal entrait dans un magasin de la rue Saint-Ferréol, ce cas serait considéré comme un pronostic de bonheur.

est l'image de celui sur lequel une reine d'Egypte, nommée Isis, aborda, il y a peut-être soixante siècles, dans l'antique Lutétia ; que cette reine y fut adorée dans un temple situé à Issy (*Isi-acum*), et que sa statue en bronze, où elle était représentée avec un vaisseau dans la main, existait encore en 1514 dans l'église de Saint-Germain-des-Prés, lorsque le cardinal Briçonnet la fit briser et jeter dans la Seine.

Cette princesse, qui vint de si loin pour enseigner à nos ancêtres, les vieux Gaulois, à tisser le lin et à cultiver le froment, pourrait bien avoir introduit la promenade du bœuf comme fête du labourage et symbole de la culture et de la fertilité.

Voyons ce que dit Ezéchiel : « Le *bœuf* est appelé le *laboureur*, parce que le nom que lui donne l'Ecriture sainte, *chérubin*, *chérub*, est tiré de la racine arabe *carab*, qui signifie *tourner la terre avec la charrue* ; il est représenté avec un soleil sur la tête. C'est l'image du soleil dans l'une de ses phases, etc. » (Lonci, page 124.)

DES NÉCROPOLES ÉGYPTIENNES

Nous avons parlé des fausses interprétations de l'histoire, mais nous avons omis de parler de celles des faits. Essayons de combler cette lacune.

« On trouve en Egypte des nécropoles de chats et d'ibis, etc. » J'ai dit dans mon *Essai sur les Momies*, m'appuyant des mémoires de l'abbé Maillet et de l'abbé Lemascrier, qu'une loi d'hygiène prescrivait d'embaumer tous les corps morts. En réponse à certaines informations que j'avais prises pour prouver que ce n'est pas seulement en Egypte que l'attachement à un animal domestique pouvait faire accorder une sépulture, on m'a adressé la lettre suivante. Ne voulant pas qu'on puisse m'accuser d'en avoir altéré le texte, je la transcris ici telle que son auteur me l'a envoyée.

« Bains de Lamalou, le 9 février 1857.

» Monsieur,

» Je réponds à votre lettre *dont* vous me demandez de vous *dire* quelques renseignements sur la mort d'un chien anglais.

» M. Adolphe B..... vint à Lamalou avec Mlle sa sœur et une domestique. Huit jours après son arrivée, il tomba malade. On manda à ses parents de venir le voir; ils vinrent de suite. Arrivés au Pont-Saint-Esprit, un petit chien qu'ils amenaient avec eux mourut (1). On le mit dans une boîte *très-bien confectionnée*, et on le porta à Lamalou, et on le fit enterrer sur la montagne de *Rédez*, tènement de

(1) On m'a assuré qu'il avait été embaumé par un pharmacien de cette ville.

Lengayras, commune de *Mourgayrol*, aujourd'hui commune de *Villecelle*, canton de *Saint-Gervais*, arrondissement de *Béziers*, département de *l'Hérault*.

» Le tombeau est recouvert d'une pierre qui porte le nom en anglais :

SCHNACKS

MORT EN FRANCE LE 6 DÉCEMBRE 1845.

» On y planta quelques rosiers et autres arbres *fruitiers*.

» Ce tombeau se trouve près d'un rocher très-élevé. De là on voit la rivière d'*Ocb* et toute la plaine d'*Hérépian* et du *Pouzol* et celle des *Aires*. C'est un point de vue admirable, etc.

» Recevez, etc. S... C.

» A Monsieur Perrot, antiquaire, à Nimes. »

Timbrée : *Bédarieux* 11, *Montpellier* 12, *Nimes* 12 février 57.

Qui n'a pas donné un regret à un animal domestique affectionné? qni n'en a pas fait ensevelir un en sa vie?... Les journaux du mois de mars dernier ont raconté qu'un voyageur avait fait renfermer un chien dans une caisse en plomb doublée de chêne et l'avait fait transporter à plus de 200 kilomètres pour l'ensevelir dans son parc, où il lui fit élever un mausolée. Si la méthode des Gouanches, qui préparaient les momies en Egypte et embaumèrent le corps de Jacob, était connue en France, il y aurait plus d'une vieille fille qui ferait une momie de son chien, de son chat ou de sa perruche, et cela ne prouverait pas que ce fût un culte.

Supposez qu'une loi d'hygiène nous obligeât à transporter nos morts aux Alpes, c'est-à-dire à 150 ou 200 kilomètres de distance, pour les y ensevelir, par une chaleur de 36 à 40 degrés; nous serions évidemment forcés de les embaumer, et si le bois était aussi rare qu'il l'est en Egypte, nous les envelopperions dans des bandelettes de toile.

Telle est l'origine des nécropoles de chats et d'ibis qu'on trouve dans les montagnes marneuses de Bubaste, au sein desquelles on pouvait creuser, avec un couteau ou le moindre instrument, un trou suffisant pour y déposer son chat. Mais nous observerons qu'au moins les Egyptiens n'ont pas poussé cet amour pour ces animaux jusqu'à orner leur tombe d'une EPITAPHE.

« L'Egypte a la forme d'une tuile dont les bords sont relevés, c'est-à-dire qu'elle est à peu près renfermée entre deux chaînes de montagnes au milieu desquelles coule le Nil. La légèreté du sol, formé d'un sable très-fin, ne permettait pas d'y confier les corps, qui, lors des débordements, seraient venus à flottaison et auraient été corrompus par les rayons du soleil, ce qui eût occasionné la peste. » (Mémoires de l'abbé Maillet et de l'abbé Lemascrier.)

Mais le sacerdoce, qui de tout temps a exploité le genre humain, après avoir prélevé un impôt sur la naissance, sur la vie en plus d'une circonstance, n'abandonnait pas sa proie aussi facilement, quand la mort semblait la lui ravir.

Il avait fixé son tarif : l'embaumement, le sarcophage, le transport, la barque, la sépulture, etc.

Des colonies d'ouvriers et d'artistes étaient employés à creuser dans les rochers des villes souterraines pour y déposer les morts; des chambres, décorées de peintures ou de sculptures, étaient préparées en prévision des nouveaux habitants qui y étaient attendus. Il y en avait de tous les prix et pour toutes les conditions. Il était naturel que les chats, les chiens et les ibis eussent une place pour leur sépulture, et de là ces nécropoles où les hommes chargés de cet emploi (comme nos équarisseurs) les déposaient.

« Vers le milieu du quatrième siècle, saint Antoine, qui prêchait le christianisme dans ce pays, défendit d'embaumer les morts, sous peine de *damnation*, ce qu'il appelait l'*idolâtrie* des morts. Et les pestes, inconnues jusqu'alors en Egypte, commencèrent à désoler les populations et y devinrent stationnaires comme le choléra l'est dans les Indes. » (Morery.)

(*Voyez*, pour de plus longs détails, mon *Essai sur les Momies*, p. 26. — 1846.)

> Ah ! pauvre Egypte, qu'as-tu fait de tes dieux ?
>
> *Un jeune poète.*

Oui, Messieurs, où sont vos dieux de l'Egypte? Osiris, Isis? « La déesse Vérité ou Justice des Egyptiens, groupe phonétique précédé du symbolique Mei ou Thmei, était fille du dieu Phré. » (Dictionnaire Champollion, 297.) — Ibis? « Thoth, seigneur de vérité, scribe du seigneur de vérité (le soleil). » (Momie de Tantamoun du musée de Turin. Dictionnaire Champollion, 296.) Ainsi, Thoth ou Ibis n'est point qualifié de dieu! cependant c'est le troisième personnage de la grande triade d'Hérodote, que je viens de réduire à sa simple valeur (1). —Anubis, que Tibère fit jeter dans le Tibre? Je vous ai dit l'histoire de Mundus et de Pauline. Le bœuf Apis? Moïse m'a fourni

(1) Nous avons dit que le sol de l'Egypte était composé d'un sable mouvant sur lequel les eaux du fleuve déposaient leur limon. Après le débordement, il n'existait plus de traces de limites des champs. Des géomètres-experts étaient chargés de tracer de nouveau les voies et la part revenant à chacun.

Ces fonctions exigeaient des hommes prudents et sages. La géométrie était en honneur, et ceux qui la professaient prenaient le nom de *Thoth*.

des armes pour le détrôner. Que restera-t-il après? Mouth? C'est la mort. Neith? C'est l'un des noms donnés à Isis, la lune, parce que les nautonniers qui emportaient les morts, soit en traversant le lac Mœris, soit en remontant le Nil, profitaient du clair de lune. Le cénocéphale, qui ressemble à un orang-outang placé sur la poitrine d'un homme endormi? C'est Hermès. Touthmosis, l'un des juges de l'Amentie? Un roi juste, qui fut trouvé digne de juger les âmes dans l'Amentie des Egyptiens, comme le Minos des Grecs de les juger dans les enfers.

Croyez-vous, messieurs, que les artistes égyptiens n'avaient pas des figures symboliques pour représenter les vices, la cupidité, l'orgueil, l'avarice, l'envie, la haine, la jalousie, la corruption, la vengeance, la guerre et toutes ses horreurs? Que les poètes n'avaient pas des noms à leur donner? Est-ce là que vous prétendez trouver des dieux? Et si le ciel a son dieu escorté des génies du bien, pourquoi l'enfer n'aurait-il pas ceux du mal?

Sur l'un des bracelets de la caisse d'Athéphinofré, on voit un serpent ayant un soleil sur la tête. A combien d'allégories cette figure ne se rattache-t-elle pas? Pour les Egyptiens, c'est le dieu de la lumière qui triomphe de la nuit, ou la vie qui triomphe de la mort; à l'équinoxe du printemps, c'est l'Apophis vaincu par le soleil (Champollion). Pour les Grecs, c'est Apollon vainqueur du serpent Python, Hercule vainqueur de l'hydre, etc.

Parmi les titres honorifiques donnés aux hommes célèbres de ces époques si anciennes, qui comptent trente-une dynasties et 330 rois depuis Menès jusqu'à Alexandre, et dont la durée est d'environ 4,000 ans, combien de héros, combien de princes, de savants, de sages, de législateurs peuvent avoir mérité le titre de **DIVIN** ? combien de femmes celui d'Isis ? et combien de vertus sont qualifiées de **DIVINES** ? La *divine* sagesse, la *divine* bonté, la *divine* justice, etc., comme nous disons le *divin* Homère, le *divin* Raphael. Prenez-vous garde d'en faire des dieux et des déesses ; car *divus Augustus* et *diva Faustina* ne se traduisent pas par le dieu Auguste et la déesse Faustine.

La langue hébraïque était bien pauvre, puisque elle appelle ses juges des dieux ; la nôtre n'est pas plus riche, puisque nous n'avons trouvé, pour invoquer notre Dieu, que le même titre appliqué à un *seigneur* de village. Il pouvait en être de même en Egypte. Nous avons sous les yeux la preuve qu'on y disait *déesse* pour *reine*.

Mais tout cela ne justifierait pas l'erreur de ceux qui feraient des dieux de toutes ces appellations, que nous avons déjà comparées aux litanies. Celle qui a divinisé les animaux et les légumes est plus grossière encore, car elle n'a aucun semblant de justification. Si, comme caractères hiéroglyphes, on les voit figurer sur les cartouches, ils n'y ont pas plus de valeur qu'un rateau ou une pioche, une rame ou une barque, une scie ou un marteau, une planche ou une table, un *calam* (écritoire), une plume, un crayon, un pinceau ou un canif, une feuille, un rameau ou un arbre, un collier, un casque ou une épée, etc. Si nous voyons figurer la tête d'un *chacal* au haut d'un sceptre, ou celle d'un *coucoufa* avec la plume de Thmei (comme le sceptre à la main de justice de la France), voici la signification qui leur est donnée par Champollion, à la page 325 :

« Caractère phonétique représentant un sceptre à tête de *chacal*, exprime l'idée de *gardien*, *soutien*, *appui.* »

« Un sceptre à tête de *coucoufa*, avec la plume de Thmei, signifie l'idée *pureté*, *justice*, *vérité.* » page 326,

« La région de *justice* et de *vérité*, nom symbolique de l'Egypte. » ibid.

Les Grecs seuls, parmi les historiens, ont parlé du culte des Egyptiens, car ils sont aussi les traducteurs de la Bible, qui en parle peu. Si l'on possédait les archives des Perses, celles plus anciennes des Arabes, on acquerrait la preuve que les peuples les plus voisins du vaste empire égyptien ne l'ont pas jugé comme l'ont fait les Grecs, qui en étaient jaloux. Combien de mystères s'éclairciraient, si la fameuse bibliothèque d'Alexandrie existait encore et n'eût pas été la proie des flammes !...

Forcés dans vos derniers retranchements, vous

dites : « Oui, les prêtres pouvaient avoir un culte à eux ; mais le peuple ? »

Dans une religion gravée, peinte avec des figures symboliques qui n'avaient trait qu'au dieu de la lumière (le soleil), il eût été bien difficile et même inutile d'enseigner une autre théogonie. Si vous entendez parler des *superstitions*, c'est bien différent ; mais, alors, veuillez bien me dire s'il existe une religion sur notre globe qui ait fait disparaître les superstitions ? Que de volumes n'écrirait-on pas sur ce chapitre? Qui nous prouverait jusqu'où peut aller l'aberration de l'esprit humain ?

LE DÉLUGE

CAUSE PREMIÈRE DU CULTE DU SOLEIL

Le Déluge, ce terrible événement conservé dans la mémoire de toutes les nations, dont les naturalistes trouvent les ravages écrits en caractères lisibles et ineffaçables sur toutes les parties du globe, est évidemment la cause première du culte du soleil.

Nous ne répèterons pas ici ce qui a été dit par les savants sur l'étymologie du nom sous lequel chaque peuple a désigné le Déluge : *Mahul* ou *Mabul*, dérivé de *nebe*, vase ou vaisseau propre à verser de l'eau. *Nebe*, en allemand, signifie brouillard, dont les Occidentaux ont fait *nephalaï*, les Grecs *nebula*.

Quoi qu'il en soit, l'opinion générale est que, bien longtemps avant, ce cataclysme était prévu. Les dérangements observés dans la nature, des chaleurs excessives, des pluies torrentielles, des tremblements de terre, des éruptions de volcans, des trombes, des orages épouvantables, suivis de coups de tonnerre qui retentissaient jusque dans les entrailles de la terre; les saisons intervertissant leur ordre naturel, etc., tous ces phénomènes avaient porté la terreur dans l'âme des habitants, dont les plus sages se retirèrent sur les hautes montagnes, où ils trouvèrent un asile dans des grottes naturelles.

Quelle a été la cause d'une telle perturbation? Une révolution journalière de la terre; le soleil s'était-il couvert de ces taches qui auraient formé une croute pour produire une obscurité totale? La queue d'une comète ténébreuse aurait-elle enveloppé le globe?

Quelle qu'en ait été la cause, on peut attribuer une partie de ces désastres à la mer irritée sortant de ses bornes et jetant son flux à des distances considérables, renversant tous les obstacles qui s'opposaient à son cours impétueux. Ainsi, toutes les mers ont pu être jetées en même temps sur nos continents et détruire en un clin-d'œil les nations entières, et ce balancement de flux et de reflux qui tantôt les jetait sur les continents opposés pour les ramener ensuite avec plus de furie et d'impétuosité sur le premier, auquel elles livraient des assauts continuels, renversait tout ce qui se trouvait sur son passage. Si l'on ajoute que le globe, ainsi secoué, ouvrit ses flancs pour en laisser échapper ses fleuves débordés; que toutes les sources grossirent, que les vapeurs contenues dans les nuages tombèrent en pluie abondante et continue, que rivières et fleuves, dans leurs débordements, s'ouvrirent un passage à travers les plus hautes montagnes, créant ces précipices et ces gouffres immenses que l'œil ne peut mesurer sans frémir; si l'on mêle encore à ce triste tableau les milliers de volcans qui vomissaient des torrents de laves enflammées, consumant ce que les flots avaient épargné ou n'avaient pu atteindre, on concevra que tant d'éléments divers, déchaînés contre l'humanité, devaient la détruire, sinon l'anéantir (1).

(1) Nous ne prétendons pas faire ici une comparaison qui paraîtrait trop faible du Déluge avec les débordements de nos fleuves et de nos rivières en 1841 et 1856.

Pendant la première époque, — et nos neveux auront peine à le croire, — les bateaux à vapeur *les Sirius* parcoururent les plaines de Beaucaire et de Bellegarde, passant au-dessus des arbres, pour aller sauver de malheureux fermiers perchés sur les toits de leurs maisons, qui croulaient un instant après. Que de victimes on eut à regretter! Les rues, les champs et les grandes routes étaient semés de cadavres nombreux de voyageurs et d'habitants riverains qui n'avaient pu se soustraire au courant dévastateur des eaux du fleuve.

Les ravages causés par la Loire furent aussi terribles.

En 1856, le débordement des fleuves et des rivières fut

Les laves des volcans, après avoir incendié les bois et les bruyères, les recouvraient d'une couche de roches calcinées, d'argile ou de sable, qui devait, après bien des siècles, nous fournir des lits de houille dont quelques-uns sont à plusieurs centaines de mètres sous notre sol.

D'anciennes relations parlent d'une nuit qui dura neuf mois. Tout contribua à dérober la lumière de l'astre du jour, et les malheureux humains durent croire qu'il n'existait plus. L'air s'épaissisit et ne devint plus qu'un brouillard sulfureux. Une noire fumée

général, à la suite des pluies du mois de mai. Les récoltes perdues, les villages entiers détruits par le fléau et leurs débris emportés par les eaux, ne sont pas les seules calamités à déplorer, et les victimes ont encore été nombreuses.

Les secours empressés portés aux inondés furent néanmoins efficaces. Alors on vit le prince du plus puissant empire du monde braver les ondes sur un frêle esquif, portant des encouragements sur tous les points du territoire et semant l'or à pleine main pour soulager les infortunes, ranimant par sa présence et son exemple le courage des ouvriers abattus, qui bientôt firent des prodiges pour arracher au fléau de nombreuses victimes.

Partout et toujours l'Empereur était là, bravant des dangers sans cesse renaissants, au risque de voir sa barque engloutie par le choc d'un arbre entraîné par les eaux ou par l'éboulement d'un édifice.

Oh ! l'histoire lui tiendra compte de cette campagne, plus glorieuse que celle qui lui eût assuré la conquête d'un empire !

remplit toute l'atmosphère. C'était une vaste nuit qui régnait sur ce monde ruiné, éclairé seulement par intervalles par les embrasements ou les éclairs de la foudre, qui montraient à l'homme égaré toutes les horreurs dont il était entouré (1).

Quel tableau pourrait décrire fidèlement la position des malheureux humains échappés à tant de désastres? Lors même que le globe eut repris son équilibre, que les mers, après avoir rompu les continents et changé leur forme, eurent choisi leur place, formant des îles innombrables, tandis que d'autres avaient surgi du sein même des eaux (l'Italie, les îles de l'Archipel, etc.), la nuit, l'affreuse nuit durait toujours; du moins, si une lueur, interceptée par le plus épais brouillard, apparaissait par intervalles, ce n'était pas le jour (2).

(1) *Voir* le Déluge décrit par Boulanger, de Halde, Varon, Solinus, Ovide, Diodore, Strabon, Pausanias, Platon, etc.

Les traditions du règne d'Ogygès, sous lequel est arrivé le déluge de Béotie, portent qu'il y eut à cette époque des changements considérables dans la planète de Vénus, qu'elle changea de couleur, de grandeur, de figure et de cours. Saint Augustin, *De Civitate Dei*, rapporte ces faits d'après Varron. D'anciennes traditions, existantes chez certains peuples, disent que le soleil se levait où il se couchait, et *vice versa*.

(2) On comprend que ces brouillards, bien autres que ceux de nos jours, interceptassent toute lumière, puisque, à Londres, on est forcé, en plein midi, d'éclairer le gaz, qui ne brille pas plus qu'un ver luisant.

Les maladies pestilentielles décimaient les malheureux mortels, car, en outre du manque des aliments et de l'humidité, il y avait cet amas de corps morts d'hommes et d'animaux putrifiés qui croupissaient sur un sol boueux et corrompaient l'air.

La pluie seule pouvait laver la terre et de fléau devenir un bienfait; le soleil, surtout, devait la sécher et la purifier. C'est au soleil que chaque peuple (1) adressait ses vœux et ses prières, et lorsqu'il parut pour la première fois, les malheureux qui avaient survécu pleurèrent de joie. Et cependant ils n'étaient pas entièrement rassurés; car chaque soir, en le voyant disparaître, leurs craintes se renouvelaient, ils n'attendaient plus de lendemain. Ces craintes se reproduisirent chaque jour; puis ils craignirent pour la fin

(1) Les diverses espèces d'hommes et la variété des couleurs qui les distinguent : noirs, rouges, jaunes, olivâtres, blancs, etc., que l'on retrouve sur la surface du globe, prouvent que dans toutes les parties du monde il y eut des races qui échappèrent au Déluge, et plus particulièrement dans les pays qui ont de hautes montagnes.

Il est démontré que l'histoire a donné dans chaque localité un nom à ce cataclysme : le Déluge de Deucalion, celui de Promethée et celui d'Ogygès, celui d'Inachus dans l'Argolide, et celui de Noé, etc. Tous ont produit les mêmes effets, les mêmes terreurs et les mêmes désastres; les prières, le culte et les usages des différents peuples le prouvent avec évidence.

d'une semaine, d'un mois ou d'une lune; puis une saison, un lustre, un siècle, etc.

Il fallut bien longtemps aux plus sages pour rassurer les craintifs et les déterminer à cultiver cette terre si longtemps inondée et corrompue (1). Les débris des différents peuples étaient alors à l'état sauvage ou nomade, vivant de racines et d'herbes. Tels furent les Arabes, les Hébreux, les habitants de l'Amérique, et tant d'autres qui nous sont à peine connus.

Quelques auteurs placent à cette époque l'âge d'or, parce que les hommes, ayant besoin de mutuels secours, se partageaient tout; ils s'aimaient comme des frères, et le tien ou le mien leur était inconnu.

Ceux qui eurent assez de confiance dans le retour des beaux jours et le calme de la nature revinrent habiter les contrées de leurs aïeux; mais, aux lieux jadis si fertiles ils trouvèrent des mares d'eau croupissantes, des étangs, des mers de sable, etc. Il fallut creuser des canaux pour dessécher ces marais, construire des routes, enseigner les arts et la culture. Tout avait été oublié, car plusieurs générations et plusieurs siècles s'étaient écoulés depuis la catastrophe.

(1) L'antiquité, comme les temps modernes, a eu ses prophètes de malheur qui prédisaient la fin prochaine du monde. Alors il en résulta que beaucoup de cultivateurs trouvèrent inutile de travailler la terre et d'y répandre des grains. La fin du monde ne vint pas, mais bien la plus affreuse disette.

Religion, philosophie, sagesse, sciences, astronomie, étaient des mots inconnus. La crainte de voir se renouveler de tels désastres porta les hommes à étudier le ciel. Ce furent les Chaldéens d'abord, si savants en astronomie. Puis, cette science passa en Egypte, où quelques hommes d'élite en firent un sacerdoce. Le soleil étant de toutes les planètes la plus puissante et celle qui semble gouverner et éclairer toutes les autres ; le soleil étant l'astre bienfaisant qui, après l'inondation, avait rendu le calme et la vie à tant de malheureux et avait fait renaître l'espérance ; qui vivifiait, qui fertilisait la terre, on ne pouvait connaître qu'une divinité : celle de l'astre lumineux envers qui l'on était si redevable ; qu'une religion : celle par laquelle on priait le dieu Soleil de ne plus abandonner ses enfants (1).

Voilà pourquoi les astronomes égyptiens, devenus prêtres, adorèrent le soleil et furent imités dans leur culte par presque tous les peuples de la terre. De là, encore, tous les noms flatteurs donnés à ce dieu visible : Sauveur du monde, Purificateur, Fécondateur, Fertilisateur, Fort, Puissant, Grand et Grande Lumière, etc.

(1) Dans presque tous les pays où j'ai voyagé, j'ai entendu un chant bien simple et bien naturel ; je le donne ici dans l'idiome languedocien, dialecte d'Alais.

Lorsque le soleil, en hiver, se montre si rarement et par courts intervalles à travers quelques trouées des nuages, on

Mais, si le soleil purgea la terre de tout ce qui était corrompu, il y eut des hommes, des héros qui durent la purger des monstres qui, en l'absence des humains, en avaient pris possession. Il fallut les combattre, et ce furent des demi-dieux, ceux qui parvinrent à les vaincre, à construire les cités; ceux qui enseignèrent la culture des céréales, à tisser les étoffes; ceux qui devinrent grands dans l'industrie, les arts et les sciences.

Telle est l'origine de ces surnoms de Fils de Phré et autres donnés à ces bienfaiteurs de l'humanité, et plus tard, par adulation, comme dit Champollion, aux souverains de l'Egypte.

Nous ne prétendons pas assigner une date certaine au Déluge, pas plus qu'à la Création. Les Septante eux-mêmes n'ont pu s'accorder là-dessus, puisqu'ils

voit des enfants presque nus, grelottant de froid, s'accroupir près les murs d'une église ou de tout autre bâtiment accessible aux rayons du soleil, et chanter :

Sourelé, lèvo-té
Per tous pàures enfanté,
Que soun su la paio,
Que mourissou de fré !

« Soleil, lève-toi pour les pauvres petits enfants, qui sont sur la paille, qui meurent de froid. »

Il faut connaître parfaitement le langage méridional pour comprendre toute la valeur du mot *soureié*, que *soleil* ne traduit qu'imparfaitement.

ont donné cinquante-six versions, qui varient depuis 3740 jusqu'à 6310 ans. (Morery, *Dictionnaire.*)

Quelle que soit l'exactitude des dates, cela ne nuit en rien à l'importance du miracle.

Le professeur Boubé et tous les professeurs en général ont donné sur la formation du globe par la réunion d'aérolythes, des théories qui semblent acceptables. Ils ont tous admis que nous sommes dans la période *quartenaire*, qui est celle de l'humanité; celles qui ont précédé la nôtre auraient eu, d'après ce professeur, une durée de plus de 4000 siècles (*Tableau géologique*). Elles ont cessé d'exister par de grands bouleversements qui ont dû changer toutes les faces et les formes du globe comme le ferait l'explosion d'une mine dans le centre d'un rocher. Alors, les animaux, premiers habitants de la terre, périrent tous, ce qui est attesté par les restes fossiles qu'on retrouve de nos jours, et dont les races ont disparu. (Cabinet d'histoire naturelle de Paris.)

L'*Encyclopédie* dit qu'il y a eu treize déluges, dont aucun ne fut universel. Celui qui détruisit l'île Antlantique connue par les anciens Egyptiens pourrait être placé dans ce nombre.

Quoi qu'il en soit de ces diverses opinions, sur lesquelles nous nous gardons bien de nous prononcer, il en est résulté que tous les descendants des débris de cette grande révolution, dispersés sur divers continents, ont prétendu être les seuls échappés au désastre, les seuls protégés par le Créateur. Tous ont invoqué le soleil qui leur redonnait la vie, et chaque peuple a revendiqué le titre d'autochthone, comme les Hébreux et les habitants de l'Attique. Les sauvages des pays les plus éloignés de nos contrées n'ont pas été moins prétentieux et se flattent d'avoir repeuplé la terre.

Le Tartare qui fit la conquête d'une partie de la Chine ne se flattait-il pas d'avoir conquis le monde?

Après le désastre de Sodome, les filles de Lot crurent que l'embrasement avait été universel (Genèse, ch. xi, Joseph, Ant. Jud.).

Tout le monde dit : « Les Romains étaient les maîtres du monde. » Combien de peuples qui n'ont jamais été connus d'eux et qui ne les ont jamais connus?

TREMBLEMENTS DE TERRE
ET VOLCANS

En parlant du Déluge, de ses causes et de ses effets, nous avons parlé des tremblements de terre et des éruptions de volcans.

Ces phénomènes n'ont pas manqué aux temps modernes, et le royaume de Naples nous offre dans son histoire des exemples terribles qui peuvent faire apprécier ce qu'ils devaient être à une époque où la terre était bien plus échauffée qu'elle ne l'est aujourd'hui.

En l'an 88, une éruption du Vésuve couvrait Herculanum sous 26 m 36 de laves (le théâtre), Pompeï sous 6 m de sable, et faisait périr Pline l'Ancien et tous les habitants de *Stabia*, asphyxiés par une fumée sulfureuse produite par ce volcan.

Naples est placée entre le Vésuve et Pouzol, dont elle est séparée par le Pauzilippe près duquel se trouve le lac d'Agnano. Ce lac était jadis un volcan qui, après avoir dévoré sa base, s'enfonça et laissa à sa place des eaux qui sont en ébullition comme si elles étaient sur une fournaise; sur ses bords sont les Grottes du Chien.

A trois kilomètres, un autre volcan eut le même sort et laissa à la place une mer de souffre, nommée la *Solfatare*; entre les deux, il reste une montagne calcinée (Mira-bella), d'où l'on tire la pouzolane. Si vous frappez la terre du pied, vous en voyez sortir des jets de fumée. Du reste, il en sort par milliers de toutes les fentes. On les nomme *mouffétes*.

En 1538, un tremblement de terre fit surgir, au milieu des plages de Pouzol, une montagne qui porte le nom de *Monte-Novo*. Sa base, au nord, touche au lac Averne et à la grotte de la Sybille de Cumes.

En 1779, Lisbonne faillit être détruite par une de ces secousses souterraines.

Il y a une vingtaine d'années, un jeune officier de la marine britannique planta le drapeau de sa nation sur une île qui avait surgi tout à coup au centre de la

Méditerranée; mais comme elle était peu élevée, les vagues la balayèrent et bientôt elle disparut.

Un tremblement de terre a fait écrouler une montagne en Espagne.

La ville de Pondichéry a été presque entièrement détruite par un volcan qui depuis cinq ans ne donnait plus signe d'existence.

On sait quels ravages ont été causés par les tremblements de terre à la Martinique et à la Guadeloupe. L'année 1856 a eu à enregistrer un nouveau désastre qui a détruit presque entièrement dans ces parages une ville riche et populeuse, jonchant le sol de nombreuses victimes.

Abd-el-Kader s'est vu forcé de demander un autre asile à l'empereur, plusieurs tremblements de terre successifs ayant presque anéanti la ville de Brousse.

L'énumération des lieux où ces phénomènes se sont produits remplirait des volumes. La France elle-même a eu ses volcans. Et si tant d'exemples nous apparaissent si fréquemment, combien de fois la terre dût-elle changer d'aspect, aux époques où par son essence même elle subissait d'innombrables secousses, bien plus violentes et plus générales que de nos jours?

COURTE CONCLUSION

Cette excursion vers un domaine qui nous occupera plus longuement dans notre grand ouvrage nous a écarté quelque peu de notre route. Mais ces faits portent en eux-mêmes de tels enseignements, que nous avons cru ne pas devoir les omettre. Revenons maintenant à notre sujet pour clore cet opuscule.

De tout ce que nous avons dit, il résulte évidemment une absence complète d'allusions ou de rapports avec ces prétendus animaux divinisés; on ne découvre rien qui puisse ressembler à l'idée qu'on s'est faite du polythéisme, rien qui puisse justifier cette opinion depuis trop longtemps établie que les Egyptiens étaient polythéistes.

Dix-huit tableaux sont consacrés à l'histoire d'une femme (Athéphinofré). Nous la suivons dans cette longue pérégrination sur la terre et dans le ciel qui doit nous montrer ses vertus et sa foi en Dieu. Elle nous apparaît dans quatorze tableaux, quatorze scènes, toujours la même et avec le même costume, tantôt seule, n'ayant pour la guider que son zèle ou sa confiance en Dieu, tantôt conduite par son bon génie (Isis), ou présentée à l'Eternel par Ibis ou Osiris.

C'est toujours l'Être suprême, le dieu du Jour, qu'elle invoque, qu'elle adore et qu'elle prie.

Le décorateur de ce précieux monument n'a pas borné là son œuvre : il a voulu retracer l'histoire de son dieu, de son dieu Soleil. Il nous l'a montré dans toutes les époques de l'année, faible ou puissant selon les saisons, abaissé par son rival le Python, l'Apophis (la nuit, le Satan des Egyptiens) ; mais jamais vaincu et toujours triomphant. Seize tableaux sont consacrés à cette épopée divine. Dans le douzième tableau, on le voit rayonner, adoré par les génies célestes. Dans le treizième et le dix-huitième, placé sur son trône, il accueille les actions de grâces d'un peuple reconnaissant, qui l'invoque encore en l'adorant. Dans le cinquième tableau, enfin, placé sur la tête d'un taureau, il reçoit de cet animal le symbole de sa toute-puissance, de sa force et de la fécondité qu'il donne à la terre.

Telles sont les conclusions qui ressortent nettes et précises de l'étude de ces belles peintures, dans lesquelles on chercherait en vain des traces de polythéisme.

OUVRAGES DU MÊME AUTEUR :

Lettres sur Nimes et le Midi. Monuments antiques et historiques du Languedoc, de la Provence et du Dauphiné, 2 vol. in-8°, avec vignettes. 15 fr.

Histoire des Antiquités de la ville de Nimes, 11e édition, 1 vol. in-8°, avec vignettes. 5 fr.

Une Visite à Nimes, avec vignettes. 3 fr. 50

Essai sur les Momies. Histoire sacrée et théogonie de l'Egypte (Les Egyptiens n'étaient pas polythéistes), avec vignettes. 5 fr.

Mémoire sur l'inscription de la Maison-Carrée, 1 vol. in-8°, avec vignettes. 1 fr.

On peut se procurer tous ces ouvrages au Musée d'antiquités de l'auteur,

Place de la Maison-Carrée, 10.

Nimes, impr. Baldy et Roger, vis-à-vis l'entrée des Arènes.

www.ingramcontent.com/pod-product-compliance
Lightning Source LLC
LaVergne TN
LVHW020045170826
845678LV00001B/444

* 9 7 8 2 3 2 9 6 8 4 9 8 7 *